# BEI GRIN MACHT SICH IHR WISSEN BEZAHLT

AF144776

- Wir veröffentlichen Ihre Hausarbeit,
  Bachelor- und Masterarbeit

- Ihr eigenes eBook und Buch -
  weltweit in allen wichtigen Shops

- Verdienen Sie an jedem Verkauf

## Jetzt bei www.GRIN.com hochladen
## und kostenlos publizieren

**Bibliografische Information der Deutschen Nationalbibliothek:**

Die Deutsche Bibliothek verzeichnet diese Publikation in der Deutschen National-bibliografie; detaillierte bibliografische Daten sind im Internet über http://dnb.d-nb.de/ abrufbar.

**Impressum:**

Copyright © 2016 GRIN Verlag, Open Publishing GmbH
Druck und Bindung: Books on Demand GmbH, Norderstedt Germany
ISBN: 9783668296459

**Dieses Buch bei GRIN:**

http://www.grin.com/de/e-book/339731/verkaufsmanagement-kundenorientierung-fuehrung-und-controlling-in-der

Manuela Smetiprach

# Verkaufsmanagement, Kundenorientierung, Führung und Controlling in der Fitnessbranche

GRIN Verlag

**GRIN - Your knowledge has value**

Der GRIN Verlag publiziert seit 1998 wissenschaftliche Arbeiten von Studenten, Hochschullehrern und anderen Akademikern als eBook und gedrucktes Buch. Die Verlagswebsite www.grin.com ist die ideale Plattform zur Veröffentlichung von Hausarbeiten, Abschlussarbeiten, wissenschaftlichen Aufsätzen, Dissertationen und Fachbüchern.

**Besuchen Sie uns im Internet:**

http://www.grin.com/

http://www.facebook.com/grincom

http://www.twitter.com/grin_com

Deutsche        Hochschule        für
Prävention und Gesundheitsmanagement
Hermann Neuberger Sportschule 3
66123 Saarbrücken

| | |
|---|---|
| **Fachmodul:** | Verkaufsmanagement |
| **Studiengang:** | Bachelor of Arts Fitnesstraining |
| **Datum Präsenzphase:** | 20.07. – 22.07.2016 |
| **Name, Vorname:** | Smetiprach, Manuela |
| **Studienort:** | **Köln** |
| **Semester:** | **BFT WS 2015** |

# Inhaltsverzeichnis

# Einsendeaufgabe Verkaufsmanagement

*Verkaufsmanagement*

*Kundenorientierung*

*Führung*

*Controlling*

Tab 1: Klassifizierung des eigenen Ausbildungsbetriebes

| Name der Anlage und Standort | Mrs. Sporty Neuwied |
|---|---|
| | *Klassifizierung / Einordnung* |
| Anlagenstruktur | Frauen-Studio |
| Größe der Anlage | <300qm |
| Preisstruktur der Anlage | 30,00 € bis 59,99 € |
| Beschreibung der Kernleistungen | Verkauf von Mitgliedschaften |

# 1 Verkaufsmanagement

## 1.1 Verkaufsorganisation

Tab 2: Ablauf der Verkaufsgestaltung im eigenen Unternehmen

| Schritt | Phase | Anmerkung |
|---|---|---|
| 1 | Begrüßung und Hinsetzen | • Die Interessentin wird freundlich begrüßt und gefragt, ob er gut hergefunden hat<br>• Getränk anbieten<br>• Etwas Smalltalk um Vertrauen aufzubauen, Vorstellung |
| 2 | Ablauf erklären | • Interessentin wird kurz erklärt, was auf sie zukommt<br>• Interessentin soll nicht überrascht werden von folgendem Ablauf |
| 3 | Gästeprofil[1] | • Bedarfsanalyse wird durchgeführt<br>• Einwandvorbehandlung durch gezieltes Fragen bzw. Ausschließen von Einwänden |
| 4 | Clubtour / Training[2] | • Gang durch den Club in bestimmter Reihenfolge (die Stationen die ein Mitglied hat)<br>• Hinweise auf eventuelle Zusatzverkäufe wie Handtuch, Duschgel, Wasser oder Spindschloss<br>• Durchführung eines Trainings oder Teilen davon |
| 5 | Preispräsentation | • Erkundigen nach Befinden nach der sportlichen Aktivität als Bestätigung dass es gut tut<br>• Kurze Zusammenfassung über Leistungen des Clubs<br>• Preispräsentation<br>• Eventuelle Einwandbehandlung |
| 6 | Abschluss | • Mitgliedschaft wird ausgefüllt<br>• Interessentin wird nochmals jedes Feld auf der Mitgliedschaft (MG) erklärt und gebeten es sich durchzulesen (Richtigkeit der Angaben)<br>• Bei Unterschrift wird gratuliert zur MG und Freude ausgedrückt (vermeiden von Käuferreue) und Anbieten des „DU"<br>• Durchschlag der MG wird ausgehändigt in vorgefertigtem Hefter |
| 7 | Empfehlung | • Hinweis auf Aktionen zur sogenannten MwM[3]<br>• VIP-Liste[4] wird erklärt mit Augenmerk auf die nächsten 14 Tage |
| 8 | Weitere Betreuung | • Terminierung des ersten PTG's[5] und Training 1-3 mit zusätzl. Betreuung<br>• Verabschiedung mit Bestätigung der nächsten Termine, erneute Gratulation zur MG und Freude auf Wiedersehen vermittelt |

[1] Vorgefertigtes Blatt zur Bedarfsanalyse von MRS. SPORTY mit Angaben zu Zielen, bisherige sportliche Vergangenheit, Pathophysiologie etc.
[2] Es gibt zwei verschiedene Gespräche entweder wird bei einem Probetraining ein gesamtes Zirkeltraining durchgeführt, oder bei einem Beratungsgespräch werden 2-3 Übungen mit dem Kunden gemacht
[3] MwM – Mitglieder werben Mitglieder. Ein Mitglied wirbt ein neues Mitglied und bekommt ein kleines Geschenk o.ä.
[4] VIP-Liste – Liste für 3 Freundinnen des Neumitglieds (NM) und Verweis auf Geschenk was sich das NM aussuchen kann, pro geworbenem Mitglied
[5] Persönliches Trainer Gespräch – Körperanalyse, Zielsetzungen, Pathophysiologie

Die obige Tabelle beschreibt die acht Stufen des Verkaufs von Mrs. Sporty. Es ist immer darauf zu achten, dass diese eingehalten werden und der wichtigste Punkt ist Nummer 3, das Gästeprofil / die Bedarfsanalyse. Hier wird der Hot Button des Kunden gesucht und während der restlichen Zeit immer wieder aktiviert. Denn „Unabhängig von den formulierten bewussten oder den herausgefundenen unbewussten Bedürfnisse, muss zwischen dem vermuteten und dem konkreten Bedarf differenziert werden." (Sickel, 2010, S. 12). Weiterhin ist es unabdingbar, dass „im Rahmen des Gästeprofils ALLE möglichen Einwände konsequent angesprochen werden." (Mrs.Sporty GmbH, 2015, S. 6), da nur so eine wirksame Einwandvorbehandlung stattfinden kann.

## 1.2 Vergleich mit den 13 Stufen des Verkaufs

Tab 3: Vergleich der 13 Verkaufsphasen (Stufe 1-4) und Mrs. Sporty

| 13 Stufen des Verkaufs | Mrs. Sporty | |
|---|---|---|
| **1. Stufe: Die Vorbereitung** | | nein |
| Terminmanagement | ja | |
| Beratungszimmer | | |
| Benötigte Unterlagen | ja | |
| Infos über Interessenten | ja | |
| Mentale Einstellung | ja | |
| **2. Stufe: Die Kontaktaufnahme** | | |
| Blickkontakt und freundlich Lächeln | ja | |
| Körperhaltung, Mimik, Gestik | ja | |
| Name und Aufgabe | ja | |
| Siezen nicht Duzen | ja | |
| Name des Interessenten nennen | ja | |
| **3. Stufe: Der Aufbau einer persönlichen Beziehung** | | |
| Begründung für Beratungsgespräch | ja | |
| Strategien zur Gesprächsöffnung | ja | |
| Grundsätze zur Kommunikationsverbesserung | ja | |
| Einsatz positiver und nonverbaler Körpersprache | ja | |
| **4. Stufe: Die Bedarfsanalyse** | | nein |
| SPIN-Methode angewandt | | |
| Bewusste und Unbewusste Bedürfnisse rausfinden | ja | |
| Fragetechniken anwenden | ja | |
| Notizen machen | ja | |
| Signalwörter nutzen | ja | |
| Aktiv zuhören | ja | |
| Redeanteil beachten | ja | |
| Zurückhalten und weitere Fragen stellen | ja | |
| Pacing | ja | |
| Einwandvorbehandlung | ja | |
| Keine Angebotspräsentation | ja | |

Tab 4: Vergleich der 13 Verkaufsphasen (Stufe 5-13) und Mrs Sporty

| 13 Stufen des Verkaufs | Mrs. Sporty |
|---|---|
| **5. Stufe: Die Angebotspräsentation** | |
| Merkmale beschreiben | ja |
| Vorteile aufzeigen | ja |
| Nutzen liefern | ja |
| Nutzenargumentation auf Motivgruppe ausrichten | ja |
| Sinnesaktivierung | ja |
| Rhetorische Mittel einsetzen | ja |
| Vorgehen koppeln | ja |
| **6. Stufe: Die Angebots- und Bestätigungsstufe** | |
| Vorteile des Dienstleistungsverkaufes erklären | ja |
| Bestätigungs- und Suggestionsfragen stellen | ja |
| **7. Stufe: Grundsatzentscheidung** | |
| Frage zur Grundsatzentscheidung formulieren | ja |
| Positive Grundsatzentscheidung erhalten | ja |
| **8. Stufe: Die Preispräsentation für die Mitgliedschaft** | |
| Möglichkeiten und Preisgestaltung aufzeigen | ja |
| Preis/Nutzen in Relation setzen | ja |
| Kleiner Preis für Großen Nutzen | ja |
| **9. Stufe: Das „Ja" für die Mitgliedschaft** | |
| Empfehlung aussprechen | ja |
| Klare Preisakzeptanz schaffen | ja |
| Einsatz von Alternativfragen | ja |
| **10. Stufe: Die Preispräsentation für das Startpaket** | |
| Nutzen des Startpakets aufzeigen | ja |
| Günstige Relation von Preis-Leistung zeigen | ja |
| **11. Stufe: Vorabschluss** | |
| Vorabschluss durchführen | nein |
| Ein „Nein" verhindern | nein |
| 3-Schritte-Strategie angewendet | nein |
| Meinungsfragen einsetzen | nein |
| Provisorische Abschlussfrage stellen | ja |
| Definitiven Abschluss durchführen | nein |
| **12. Stufe: Abschluss** | |
| Abschluss durchgeführt | ja |
| Mitgliedschaft vom Berater ausfüllen lassen | ja |
| Vorgehensweise dem Interessenten erklären | ja |
| Interessenten Zeit zum Durchlesen geben | ja |
| **13. Stufe: After Sales** | |
| Mögliche Bestandteile anwenden | ja |
| Kognitive Dissonanz vermeiden | ja |
| Positive Entscheidungsbestätigung | ja |
| Aushändigen der Informationsmappe / Gastkarten | ja |
| Verabschiedung | ja |

Wie man sieht, ähneln sich die 13 Stufen des Verkaufs und die 8 Stufen des Verkaufs von Mrs. Sporty (MS) sehr stark. Wo sie Stufen bei MS zusammengefasst sind, werden diese bei dem klassischen Modell sehr auseinandergezogen. Ein separates Beratungszimmer ist von MS selbst nicht vorgesehen, damit der Interessent direkt einen Einblick hat, wie das Training funktioniert. Es werden auch im Beratungsgespräch gerne Mitglieder mit einbezogen, um den Verkaufsprozess positiv zu beeinflussen.

Das Fragemodell bei MS weicht etwas von dem SPIN-Modell ab und nennt sich AIDA-Modell. Dies bedeutet „Attention" für die Aufmerksamkeit die dem Kunden geschenkt und signalisiert wird, „Interest" für das Interesse was in der Zielerreichung des Kunden besteht, „Desire" für das Ziel was der Kunde bei MS erreichen will bzw. der *Hot Button* und „Action" für den Willen, bei MS sein Ziel zu erreichen, die Mitgliedschaft auszufüllen und Sport dort zu machen. Den Interessenten wird auch immer wieder gezeigt, dass die Motivation und das Erreichen ihrer Ziele im Mittelpunkt stehen, durch verschiedene Spiele und Aktionen im Club. Daher wird darauf verzichtet, ein Vorabschluss durchzuführen, bzw. sich mehrfach mit der Interessentin über das „Ja" zu unterhalten.

## 1.3 Verkaufsprozessoptimierung

MRS. SPORTY ist ein Franchisesystem. Die einzelnen Clubs unterliegen somit strengen Richtlinien zum Thema Leitfäden für bspw. Verkauf oder Telefon. Jegliche Änderung oder Optimierung ist vorher mit der Zentrale zu besprechen, um in allen Clubs gleichbleibende Qualität zu sichern.

Eine Optimierung wäre besonders in der Stufe des Vorabschlusses möglich. So könnte man sich schon vor dem eigentlichen Abschluss nochmal Fragen der Interessentin klären und diese mit Bezug auf die Einwandvorbehandlung angehen. Weiterhin ist dann der Schritt zur Unterschrift nicht mehr so groß und kann einfacher und schneller von statten gehen, da die Interessentin ja schon alles abgeklärt hat. So wird zusätzlich die Käuferreue möglichst gering gehalten.

# 2 Kundenorientierung

## 2.1 Konzept der Selbstkonkordanz – Transformation der Modi

Die Motivation eines Menschen, die dahinter steckt, etwas im Leben zu verändern unterliegt verschiedenen Modi. Im folgenden werden Beispiele genannt, wie man einen Interessenten eines Fitnessstudios (FS) vom externalen Modus, bei dem die Zielintention von außen und nicht persönlich angestoßen wurde, erst in den introjizierten Modus (Gründe „zwar schon verinnerlich, aber es sind noch nicht die eigenen Beweggründe." (Schlaffke & Plünnecke, 2016, S.46)), dann in den identifizierten Modus in welchem einem die Gründe der Zielintention selbst wichtig sind und man sich selbst dazu entscheidet, und schließlich in den intrinsischen Modus (keine Gründe nötig, man möchte es um des Handelns willen tun) bringt.

Man hat einen Kunden, der gerade seine Krankenkasse gewechselt hat im Beratungsgespräch sitzen, der auf die Frage was seine Ziele sind antwortet, dass er eigentlich gar keine hat sondern einfach eine Zusatzzahlung seiner Krankenkasse bekommt, wenn er im FS angemeldet ist. Dies ist ein eindeutiger externer und unpersönlicher Faktor und der Kunde ist Absichtslos. Nun muss der Berater herausfinden, ob und wenn ja welche Beschwerden oder Krankheiten der Kunde hat. Erzählt dieser, er hat latente Rückenschmerzen ist es die Aufgabe des Beraters, ihm plausibel zu erklären, warum ein Training wichtig für ihn ist. Man kann z.B. eine Werteliste mit Pro- und Kontraargumenten erstellen. So wird der Kunde vom externalen Modus hin zum introjizierten Modus begleitet. Wenn der Kunde dann die MG abschließt und nach dem ersten Training erkennt, dass er schon weniger Verspannungen hat und die Schmerzen im Anschluss an die Aktivität geringer sind, ist der Trainer dafür da, ihn nach dem Empfinden zu fragen um ihn in den nächsten Modus, den identifizierten Modus zu geleiten. Dieser ist, wie der Name schon sagt, wenn der Kunde sich mit der Zielintention identifizieren kann oder sie „im Einklang dem ihren persönlichen Überzeugungs- und Wertesystem steht." (Schlaffke & Plünnecke, 2016, S.46). Das sind praktisch kleine und kurze Ziele, die dem Kunden helfen, ein Verständnis zu bekommen und selbst sich der Sache der Gesundheit wegen annehmen zu wollen. Der Kunde bekommt verstärktes und individuelles Feedback. So wird hier auch wieder die Ausprägung der Selbstkonkordanz gesteigert um sich selbst mit der Bewegung zu identifizieren.

Jetzt geht es darum, den Kunden in dieser Phase zu Bestärken und zu Stabilisieren. Das gemeinsame Arbeiten an der Zielerreichung und die Aufrechterhaltung der Motivation stehen hier im Vordergrund. Mit dem Kunden werden Ziele erarbeitet und formuliert, so dass dieser in den intrinsischen Modus übergeht. Das heißt, dass er den Sport nicht mehr aus einer Notwendigkeit heraus treibt wie z.B. Schmerzen lindern, sondern weil er Spaß am Sport gefunden hat. In diesem Modus ist die Selbstkonkordanz am höchsten und nun liegt es am Trainer, diese aufrecht zu erhalten damit der Kunde dem Betrieb lange erhalten bleibt und weiterhin Spaß hat.

## 2.2 Kundenbindung

Die Abbruchquote von NM ist sehr hoch. Anschließend werden ein paar Maßnahmen von Mrs. Sporty beschrieben, um diese Quote möglichst gering zu halten und zusätzlich neue Interessentinnen zu gewinnen. Weiterhin werden Aktionen beschrieben die auch zum Sinken der Abbruchquote insgesamt führt.

### 2.2.1 PTG

Direkt beim ersten Training wird ein umfassendes Gespräch geführt und eine Körperanalyse gemacht. Das Mitglied wird genau informiert über Prozesse im Körper und es werden alle 4 Wochen Gespräche über den Trainingsplan gemacht. Somit wird die Motivation hochgehalten, da das Mitglied sich betreut fühlt und es sieht, dass bei Bedarf sofort individuell auf Probleme eingegangen wird.

### 2.2.2 MwM / VIP-Liste

Mitglieder werben Mitglieder und die VIP-Liste sind Möglichkeiten für NM, Freundinnen einzuladen in den Club und mit trainieren zu lassen. Dies wird sehr häufig genutzt, denn „gerade wenn der Kunde noch neu im Unternehmen ist und noch wenige Mitglieder kennt, hat er ein großes Interesse, ihm bekannte Personen mitzubringen." (Schlaffke & Plünnecke, 2016, S.39). Einmal wird so die Angst vor dem Fremden etwas geringer, da man bekannte Menschen im Club hat und so auch nochmal besonders aus sich raus kommt.

### 2.2.3 Ausflüge

In regelmäßigen Abständen werden Ausflüge mit den Mitgliedern geplant. Es wird z.B. eine Rad- oder Wandertour geplant. Diese sind sehr gut, um den Zusammenhalt und die familiäre Atmosphäre zu stärken. Ein Mitglied fühlt sich viel besser aufgehoben, wenn bei solchen Ausflügen noch mehr Spaß und zusätzliche Aktivitäten erlebt werden und empfehlen das Unternehmen mit noch höherer Wahrscheinlichkeit weiter.

### 2.2.4 Themenzirkel

Jeden Monat gibt es bestimmte Themenzirkel, die speziell auch auf Wünsche einzelner Mitglieder ausgerichtet sind. Gibt es vermehrt den Wunsch nach Übungen für den Beckenboden, werden diese in ein bis zwei Thementagen aktiv im Zirkel kommuniziert. So merken die Kundinnen, dass sie auch mitbestimmen können und aktiv an der Trainingsgestaltung teilnehmen.

### 2.2.5 VNM / Motivationsanruf

Bei NM führen wir insgesamt drei sogenannte VNM (Verzeichnis neuer Mitglieder) durch. Das sind Anrufe in drei verschiedenen zeitlichen Abständen nach dem ersten Training. Einmal nach 14 Tagen, nach 45 Tagen und nach 90 Tagen. Hier wird die Kundin unter anderem nach ihrem Wohlbefinden gefragt oder wie ihr das Training gefällt. Weiterhin führen wir bei Mitgliedern, die länger als 14 Tage nicht mehr beim Training waren ohne sich abzumelden (wg. Urlaub oder Krankheit z.B.) Motivationsanrufe durch, bei denen wir noch einmal speziell auf das jeweilige Ziel eingehen und eine Freude aufs Wiedersehen vermitteln. Beide Anrufe werden nach einem vorherbestimmten Leitfaden geführt und zeigen der Person, dass an sie gedacht wird, wir sie gerne als Mitglied haben und ihre Meinung zählt.

## 2.3 Zusatzverkäufe

Tab 5: Zusatzverkäufe von Mrs. Sporty

| Produkt/Leistung | Unternehmensbereich | Bemerkung |
|---|---|---|
| Getränk | Trainingsbereich | Wenn ein Mitglied sein Getränk vergessen hat, kann es sich vor Ort eines kaufen |
| Shampoo, Duschgel und Deo | Thekenbereich | Für die Körperreinigung nach dem Training |
| Merchandise | Thekenbereich | Es gibt für Mitglieder verschiedene Merchandise Artikel zu kaufen. Zum Beispiel<br><br>- T-Shirts<br>- Taschen<br>- Handtücher<br>- Trinkflaschen<br>- etc. |

Tab 6: Mögliche Zusatzverkäufe von Mrs.Sporty

| Produkt/Leistung | Zielgruppe | Bemerkung |
|---|---|---|
| Supplements in Form von Eiweiß-pulver oder Riegel von einer Marke extra für Frauen in Koope-ration (z.B. „Womens Best" oder „GymQueen") | Alle Kundinnen | Nahrungsergänzungsmittel für den Erhalt und Aufbau der Muskulatur. Erleichtert eine hohe Proteinaufnahme. |
| Ernährungscoaching | Frauen, die bewusst und langfristig noch effektiver abnehmen möchten und zusätzliche Hilfe möchten. | Coaching beinhaltet tägliches Update an den Trainer, tägliche Tipps und Hilfestel-lungen von diesem. Rezepte und Ein-kaufslisten werden dabei zur Verfügung gestellt. |
| 10er Karten für Personal Training | Frauen, die noch eine stärkere Betreuung und mehr Aufmerksam-keit möchten. | Personal Training im Zirkel. Die Dame bekommt einen Trainer für sich alleine an die Seite, dieser begleitet sie das komplette Training lang und zeigt ihr Schwerpunktspezifische Übungen auf den Zwischenstationen plus Übungen, die sie im Alltag machen kann. |

# 3 Teams, Motivation & Führung

## 3.1 Teamentwicklung

Tab 7: Phasen der Teamentwicklung und Möglichkeiten zur Unterstützung durch den Teamleiter

| Phase | Möglichkeiten zur Unterstützung der Teamentwicklung durch den Teamleiter |
|---|---|
| Forming | ✓ ausreichend Feedback-Gespräche führen um z.B. Konflikte gezielt zu lösen<br>✓ Aufgabe und Ziele der Arbeit genau definieren |
| Storming | ✓ klare Spielregeln für den Umgang miteinander bestimmen<br>✓ eindeutige Rollenverteilung besprechen |
| Norming | ✓ Vertrauen schaffen durch ein entstehendes Wir-Gefühl nach detailliert geplanten und erledigten Arbeiten<br>✓ Unterschiedliche Standpunkte offen zusammenführen |
| Performing | ✓ Rollenverteilung flexibel gestalten um mehr Verantwortung zu übertragen<br>✓ Gegenseitiges Vertrauen stützen durch offenes Miteinander |

In der Phase des „Storming" ist der Teamleiter am stärksten gefordert. Oftmals liegen hier schon Konflikte zwischen dem Teammitgliedern vor (vgl. Schlaffke & Plünnecke, 2016, S.125). Diese müssen vom Teamleiter offen angesprochen werden. Der Teamleiter muss außerdem darauf achten, die zu vergebenen Rollen passend einzuteilen und die richtigen Entscheidung zur Organisation des Teams treffen. „Auf dem Weg zu einem high-performance Team ist die Qualität des Durch-, Er- und Überlebens dieser Phase mitentscheidend." (Schlaffke & Plünnecke, 2016, S.125). So muss der Teamleiter in dieser Phase hauptsächlich die Funktion eines Vermittlers ausführen, um die verschiedenen Menschen in dem Team in ein Miteinander zu geleiten. „Die Teamführung und die Rolle des Teamleiters ist eine der mitentscheidenden Einflussfaktoren auf die Entwicklung eines high-performance Teams und die Realisierung von Vorteilen durch Teamarbeit." (Gellert & Nowack, 2010, S. 235).

## 3.2 Motivation

Zum Thema Einzelprovision gibt es verschiedene Sichtweisen. Sicherlich ist sie eine gute Möglichkeit, die Mitarbeiter zu einer höheren Leistung zu motivieren. Auf der anderen Seite sind aber zum Beispiel diejenigen Mitarbeiter, deren Stärke nicht der Verkauf ist, mit großer Wahrscheinlichkeit demotiviert. Nicht jedem liegt der Verkauf. Zusätzlich steigt der Konkurrenzdruck bzw. das Konkurrenzverhalten im Team. Jeder versucht sich die Interessenten zu schnappen. Allerdings steigt auch der Wille, jeden potentiellen Kunden abzuschließen. Es ist weiterhin eine klare extrinsische Motivation, da bei einer besseren Leistung eine Prämie versprochen wird. Diese Motivationsreize bergen die Gefahr, dass man durch das Fixieren auf diese nicht merkt, wie man sich verausgabt (vgl. Sprenger, 2010, S.117). Daher wird es schwer den Mitarbeitern diese Fixierung zu nehmen oder diese Umzulenken. Hier liegt das Problem daran, dass nicht alle Einsatzbereiche in der Fitnessbranche in der Praxis gleichermaßen mit einer Provision entlohnt werden können. Zwar wird die Einzelprovision durch weniger gute Mitarbeiter nicht negativ beeinflusst, aber das führt im schlimmsten Fall zu einer schlechten Stimmung im Team und einer Ellenbogengesellschaft.

## 3.3 Führung

### 3.3.1 Fallbeispiel 1

Fallbeispiel 1 beschreibt den direktiven Führungsstil. Dies wird deutlich durch Aussagen wie: „Meine Mitarbeiter haben von mir haben exakte Vorgaben bekommen .... Mehrmals täglich mache ich meine Kontrollgänge durch die Anlage". Der Teamleiter sieht sich selbst als Oberhaupt und will, dass alles nach strengen Regeln abläuft, sanktioniert sogar Fehlverhalten. Die nachfolgende Tabelle vergleicht die Merkmale des direktiven Führungsstils und die des Teamleiters in Fallbeispiel 1.

Tab 8: Vergleich direktiver Führungsstil und Fallbeispiel 1

| Merkmale des direktiven Führungsstils | Merkmale Fallbeispiel 1 |
|---|---|
| ➤ Unmittelbarer Gehorsam der Mitarbeiter | ✓ Mitarbeiter sollen so arbeiten, wie Teamleiter es gesagt hat |
| ➤ Klare Anweisungen | ✓ Aufgaben sind genau detailliert beschrieben, wie sie gemacht werden sollen |
| ➤ strenge Überwachung | ✓ Teamleiter führt mehrmals täglich Kontrollgänge durch |

### 3.3.2 Fallbeispiel 2

In diesem Fallbeispiel wird der affiliative Führungsstil beschrieben. Der Teamleiter ist stark auf die Harmonie und das Miteinander im Team bedacht was er mit Aussagen wie: „Wir sitzen häufig im Team zusammen und reden viel über unsere Arbeit … aber auch über alle erdenklichen sonstigen Dinge …. Jeder hilft jedem …. Mir selbst ist es wichtig, dass sich jeder Einzelne im Team wohlfühlt und sich völlig frei entfalten kann" zu verstehen gibt. Er möchte eine vertrauensvolle Zusammenarbeit aufbauen und setzt daher auf viele Gespräche. Die unten stehende Tabelle vergleicht die Merkmale des affiliativen Führungsstils mit denen des Teamleiters aus Fallbeispiel 2.

Tab 9: Vergleich affiliativer Führungsstil und Fallbeispiel 2

| Merkmale des affiliativen Führungs-stils | Merkmale Fallbeispiel 2 |
|---|---|
| ➤ Harmonie und Konsens unter den Mitarbeitern und mit der Führungskraft | ✓ Tolles, eingespieltes und harmonisches Team |
| ➤ Persönliche Wertschätzung wird kommuniziert | ✓ Sie verbringen außerhalb der Arbeit Zeit und jeder hilft jedem |
| ➤ Aufbau einer Vertrauensvollen Arbeit | ✓ Reden in häufigen Teamsitzungen über Verbesserungswege und auch privates |

# 4 Controlling

## 4.1 Kennzahlen im Vertrieb

Beobachtet werden in dieser Aufgabe die Telefonquote, Termineinhaltungsquote und die Abschlussquote von Mrs. Sporty Neuwied.

Zahlen **Mai**: 341 err. aA[6] - davon 181 gebucht – 85 erschienen – 50 abgeschlossen

Zahlen **Juni**: 317 err. aA – davon 137 gebucht – 43 erschienen – 22 abgeschlossen

Zahlen **Juli**: 489 err. aA – davon 305 gebucht – 120 erschienen – 60 abgeschlossen

---

[6] err. aA = erreichter ausgehender Anruf

| | Mai | Juni | Juli |
|---|---|---|---|
| Telefonquote ausgehende Anrufe<br><br>$\dfrac{\text{terminierte Anrufe}}{\text{erreichte Anrufe}} \times 100$ | $\dfrac{181}{341} \times 100$<br><br>= 53,0782% | $\dfrac{137}{317} \times 100$<br><br>= 43,2177% | $\dfrac{305}{489} \times 100$<br><br>= 62,3721% |
| Termineinhaltungsquote<br><br>$\dfrac{\text{erschienene Termine}}{\text{vereinbarte Termine}} \times 100$ | $\dfrac{85}{181} \times 100$<br><br>= 46,9613% | $\dfrac{43}{137} \times 100$<br><br>= 31,3869% | $\dfrac{120}{305} \times 100$<br><br>= 39,3443% |
| Abschlussquote<br><br>$\dfrac{\text{abgeschlossene Termine}}{\text{erschienene Termine}} \times 100$ | $\dfrac{50}{85} \times 100$<br><br>= 62,5% | $\dfrac{22}{43} \times 100$<br><br>= 51,1628% | $\dfrac{60}{120} \times 100$<br><br>= 50,00% |

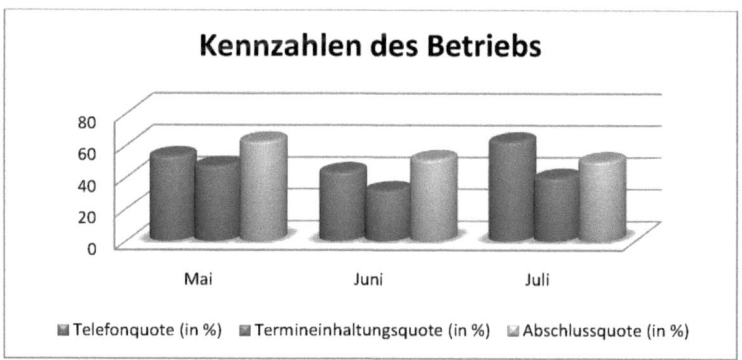

Abb. 1: Grafische Darstellung der Kennzahlen (2016)

Betrachtet man die sich die drei Quoten, so liegen alle im Mittelfeld.

Die Telefonquote ist von Mai auf Juli gesunken, jedoch umso stärker angestiegen zum Juli hin. Das liegt mit großer Wahrscheinlichkeit an einem besser geschulten Personal und an der steigenden Bekanntheit des Clubs in der Umgebung. Dieser Betrieb hat erst seit Juni geöffnet und durch Werbung und gezielte Schulung werden die Mitarbeiter besser ausgebildet und die Interessentinnen kommen eher zu einem Termin, bzw. machen einen Termin aus. Mit durchschnittlich etwa 53% liegt die Telefonquote unterhalb den Richtlinien von MS.

Die Termineinhaltungsquote liegt deutlich hinter den anderen beiden Quoten was auch wieder auf die noch nicht ausreichende Schulung der Mitarbeiter zurückführen kann, da die Interessentinnen noch keinen emotionalen Bezug am Telefon zu der Notwendigkeit eines Trainings machen konnten. Diese Quote sinkt ebenfalls und steigt anschließend wieder an. Der Durchschnitt dieser Quote liegt etwa bei 38% und ist nur durch gezieltes

Schulen des Personals möglich. Der Anstieg im Juli liegt voraussichtlich am Tag der offenen Tür der im Juni gemacht wurde und für den viel Werbung gemacht wurde.

Die Abschlussquote mit durchschnittlich 54% liegt am höchsten, wobei hier eine deutliche Abnahme des Erfolges zu sehen ist. Dies ist damit zu erklären, dass in der Vorverkaufsphase des Studios ein besonderer Rabatt auf das Startpaket und den monatlichen Beitrag gegeben wurde (Startpaket gratis statt 149€ und monatlich 2€ weniger) und dadurch das Kaufverhalten von den Menschen stärker angesprochen wurde. Als der Vorverkauf dann vorbei war und das Training begonnen hat, war weniger Zeit für Verkaufsschulungen sondern es ging darum, den Trainern die richtige Betreuung im Zirkel nahe zu bringen.

Insgesamt ist zu sagen, dass hier noch viel Potential herrscht in Sachen Verkaufsgespräche und Ziele der Interessentinnen rausfinden. Wenn diese am Telefon schon das Gefühl haben, sie sind top beraten worden, werden sie auch mit einer höheren Wahrscheinlichkeit zum vereinbarten Termin erscheinen und auch eine Mitgliedschaft unterschreiben. Durch regelmäßige Schulungen sollte das Personal auf den neuesten Stand gebracht werden.

## 4.2 Fluktuationsquote

*Anmerkung: Die in dieser Aufgabe verwendeten Zahlen sind vom ehemaligen Betrieb der Studentin. Sie hat bis zum 31.07.2016 bei Mrs. Sporty Koblenz gearbeitet.*

Tab 11: Fluktuationsquote im vorliegenden Betrieb

| Datum | Mitgliederbestand | endende Kündigungen |
|---|---|---|
| 01.01.2015 | 379 | 0 |
| 31.01.2015 | 390 | 14 |
| 28.02. 2015 | 391 | 20 |
| 31.03. 2015 | 387 | 16 |
| 30.04. 2015 | 389 | 12 |
| 31.05. 2015 | 392 | 30 |
| 30.06. 2015 | 390 | 15 |
| 31.07. 2015 | 388 | 4 |
| 31.08. 2015 | 410 | 27 |
| 30.09. 2015 | 405 | 12 |
| 31.10. 2015 | 411 | 17 |
| 30.11. 2015 | 415 | 9 |
| 31.12. 2015 | 421 | 15 |
| **Durchschnittlicher Mitgliederbestand** | **5168 : 13** <br> **= 397,5385 → 398 Mitglieder** | **191** |

*Durchschnittlicher Mitgliederbestand = Mitgliederbestandswerte addieren und durch 13 teilen.*

Fluktuationsquote

$$\frac{\text{Anzahl der Abgänge}}{\text{Durchschnittlicher Mitgliederbestand}} \times 100$$

Abb. 2: Berechnung der Fluktuationsquote (Studienbrief)

**Berechnung der Fluktuationsquote:**

$$\frac{191}{398} \quad \times \quad 100 \quad = 47,9899$$

Die Fluktuationsquote des vorliegenden Betriebes des Jahres 2015 liegt bei etwa 48% und ist somit sehr hoch.

Senkt man die Fluktuationsquote um 5 Prozent, ergibt sich folgendes:

**47,9899 % – 5 % = 42,9899 %**

*Es muss laut Berechnung einer Fluktuationsquote die Anzahl der Abgänge rausgefunden werden. Diese ist mit x im folgenden Rechenweg markiert.*

$$\frac{x}{398} \quad \times \quad 100 \quad = 42,9889 \qquad \Big/ \quad \times\ 398$$

nach x freigestellt:

$$x \quad \times \quad 100 \quad = 17109,9802 \qquad \Big/ \quad :\ 100$$

$$x \qquad\qquad = 171,0998$$

Laut Rechnung ergeben sich bei einer um 5% geringeren Fluktuationsquote **171** Abgänge in dem Jahr. Das sind 20 weniger als vorher. Der Mehrumsatz wird nun berechnet auf Grundlage dieser 20 *„Mehrmitglieder"*.

**Standartmitgliedschaft ist 12 Monate 55,99€ mit monatlichem Beitrag.**

*Es wird davon ausgegangen, dass die 20 Mitglieder das ganze Jahr über im Studio angemeldet sind. Eine Berechnung für verschiedene Kündigungsmonate würde den Rahmen dieser Einsendeaufgabe sprengen. Da es hier nur um den Erhalt der Mitglieder geht und nicht um die Akquise von NM, wird das Startpaket (149€ und die Verwaltungsgebühr 20€) nicht mit in die Rechnung mit aufgenommen.*

55,99€   **x**   20 Mitglieder   **=**   1119,80 €

➔ **1119,80 €** Mehrumsatz pro Monat

*1 Jahr* ≙ *12 Monate*

⇨   1119,80€  **x**   12 Monate   **=**   13437,60 €

Der **Mehrumsatz** im beobachteten Unternehmen (MS) hätte bei einer um 5 % gesenkten Fluktuationsquote (von *47,9989%* auf *42,9989%*) **13437,60 €** im Jahr 2015 betragen.

# 5 Literaturverzeichnis

Gellert, M. & Nowak, C. (2010). Ein Praxisbuch für die Arbeit in und mit Teams (4. Aufl.). Meezen: Limmer.

Mrs. Sporty GmbH (2015). *Das Gästeprofil - Verkaufsschulung kompakt 2*. Berlin: Mrs. Sporty

Plünnecke, A. & Schlaffecke, W. (2016). *Studienbrief Verkaufsmanagement*. Saarbrücken: Deutsche Hochschule für Prävention und Gesundheitsmanagement.

Sickel, C. (2010). Verkaufsfaktor Kundennutzen (5. Aufl.). Wiesbaden: Gabler.

Sprenger, R. (2010). Mythos Motivation(19. Aufl.). Frankfurt/Main: Campus.

# 6 Abbildungs- und Tabellenverzeichnis

## 6.1 Abbildungsverzeichnis

## 6.2 Tabellenverzeichnis